PRIMER NIVEL:

APRENDE BATERIA FÁCILMENTE

POR VICTOR M. BARBA

Amsco Publications
New York/London/Paris/Sydney/Copenhagen/Madrid

Cover photograph by Randall Wallace
Project editor: Ed Lozano

Order No. AM 974402
US International Standard Book Number: 0.8256.2731.1
UK International Standard Book Number: 0.7119.9477.3

Exclusive Distributors:
Music Sales Corporation
257 Park Avenue South, New York, NY 10010 USA
Music Sales Limited
8/9 Frith Street, London W1D 3JB England
Music Sales Pty. Limited
120 Rothschild Street, Rosebery, Sydney, NSW 2018, Australia

Printed in the United States of America by
Vicks Lithograph and Printing Corporation

ÍNDICE

INTRODUCCIÓN

MÚSICA FÁCIL... ¡CON ESTE LIBRO ES REALMENTE FÁCIL!

En poco tiempo te darás cuenta de cómo puedes tocar fácilmente la batería. Con tan sólo un poco de práctica y estudio vas a poder acompañar canciones y tocar melodías sin ningun esfuerzo. Por supuesto no serán todas las canciones que ya conoces o esperas poder tocar, pero con la ayuda de este libro, aprenderás a tocar canciones. Descubrirás que con este método podrás tocar música, y por supuesto, tocar en un grupo. De esta forma podrás tocar canciones conocidas de tus artistas favoritos y los ritmos que te gustan.

En este libro aprenderás ritmos y canciones de los estilos: norteño, banda, cumbia, bolero, balada, *rock*, mariachi, ranchera, salsa, y muchos otros estilos más.

No trates de tocar todo enseguida. Estudia primero y practica mucho cada ejemplo. La música tiene que ser divertida, y por eso lo es también este libro. Verás que con un poco que estudies serás capaz de crear tus propias canciones. Recuerda que quizá no conozcas muchas de las canciones que se incluyen en este método, pero sí son muy parecidas a todas esas canciones que escuchas en la radio y en tus discos compactos.

Ojalá disfrutes tanto con este libro, como yo disfruté al escribirlo.

CD

El disco compacto (CD) incluye todos los ejemplos completos. Primero escucharás el tema musical y la canción tocada solamente con la batería y luego el tema musical y la canción tocada con todo el grupo: teclados, guitarra, bajo y batería.

Este libro esta pensado para que pronto puedas tocar en grupo, pero también para que aprendas a tocar por tu propia cuenta. Es importante entonces que practiques varias veces cada canción y la toques al mismo tiempo que escuchas el CD.

Para escuchar una canción determinada fíjate en el número que está dentro de la estrella rodeada por un círculo.

 Por ejemplo, ésta es la canción numero 4, y es el tema musical número 4 del CD. Es muy fácil, al igual que toda la música de este libro.

Te felicito por querer aprender música. Practica mucho y aprenderás.

INSTRUMENTO

Es bueno que conozcas tu instrumento lo mejor posible. Las partes más importantes del instrumento, son las siguientes:

Platillos

Tom chico

Hi hat o contra tiempo

Tom de Piso

Caja o tarola

Bombo

AFINACIÓN

La afinación es el acto de afinar. Se llama afinar un instrumento a ajustarlo al tono musical correcto. Por ejemplo, la nota de LA, se debe oír igual en cualquier instrumento. El teclado electrónico, normalmente está siempre afinado de fábrica, si tocas la nota LA, se oye LA. La guitarra no suele venir afinada. Para afinar la guitarra se tensan o aflojan las cuerdas. Por eso hay que afinar la guitarra igual al teclado, y el bajo, y la voz, en fin, todos los instrumentos deben de estar afinados antes de usarlos.

La afinación cuesta un poco de esfuerzo al principio por falta del oído musical. De momento, no te preocupes mucho. Pide ayuda a alguien que sepa afinar tu instrumento y practica siempre con el instrumento afinado. Incluso los pianos acústicos se tienen que afinar y para eso hay profesionales que afinan pianos. La guitarra o el bajo, son más sencillos de afinar que un piano. Trata de no tocar con el instrumento desafinado. La batería también se afina, aun cuando no tiene tonos, si tiene sonidos y los tambores deben estar bien afinados. No te preocupes mucho si no sabes afinar tu instrumento todavía, poco a poco vas a oír mejor las diferencias entre un instrumento afinado y otro que no lo está y lo vas a poder hacer por tu cuenta. Por ahora, concéntrate en aprender a tocar el instrumento.

NOTAS

La música se escribe con *notas*, que son las bolitas y palitos que has visto muchas veces. En este libro vas a aprender para qué sirven las notas y cómo usarlas.

Las notas representan sonidos. Cuando ves una nota, representa un sonido. Si ves 5 notas, son 5 sonidos, y así sucesivamente. El sonido puede ser igual o diferente. Si la nota está en la misma rayita o en el mismo espacio entonces el sonido es *igual*. Si las notas van subiendo, por ejemplo una en cada línea del pentagrama, entonces cada sonido es *diferente*.

Además de sonidos *iguales* y *diferentes*. Hay sonidos *graves*, o notas graves (como los que hace el bajo o la tuba). También hay sonidos (o notas) *agudas*, como las del violín, la flauta o la trompeta.

Existen también los sonidos *cortos* (que sólo duran poquito tiempo) o sonidos *largos* (que duran muuuuuuuuucho tiempo).

Por eso el *tiempo* en la música es lo principal, si no existiera el tiempo, no se podría tocar música.

Las *notas* pueden ser *iguales* o *diferentes*, *altas* o *bajas*, *cortas* o *largas*.

| Ésta nota es la *redonda* o 1 entero y dura 4 tiempos. | Ésta es la *blanca* o 1/2 y dura 2 tiempos, por eso hay 2 en un compás. | Ésta es la *negra* o 1/4, esta nota dura 1 tiempo hay 4 en un compás. |

Todas las *notas* se escriben en un *pentagrama*. Recuerda que para escribir música se utiliza una método que representa el sonido. El sonido tiene muchas cualidades, puede ser: agudo, grave, largo, corto, de poco volumen, de gran volumen, entre otros. El *pentagrama* se utiliza para poder representar la música por escrito.

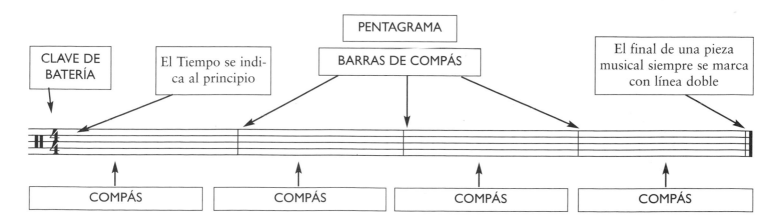

La música se divide en *compases*; un compás es la distancia que hay en medio de dos barras de compás.

El *pentagrama* tiene 5 líneas y 4 espacios. Las líneas se cuentan de abajo a arriba.

NOTA* – Es bueno conocer la clave de SOL y el pentagrama de la forma como se usa en la MÚSICA.

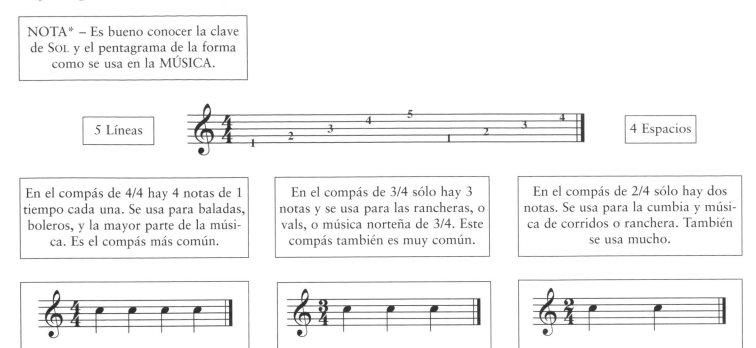

5 Líneas

4 Espacios

En el compás de 4/4 hay 4 notas de 1 tiempo cada una. Se usa para baladas, boleros, y la mayor parte de la música. Es el compás más común.

En el compás de 3/4 sólo hay 3 notas y se usa para las rancheras, o vals, o música norteña de 3/4. Este compás también es muy común.

En el compás de 2/4 sólo hay dos notas. Se usa para la cumbia y música de corridos o ranchera. También se usa mucho.

Nota: Aunque la batería no tiene clave, es bueno conocer la clave de SOL y el pentagrama de la forma como usa la *música*.

Hay más tipos de compases, pero después los aprenderás. De momento aprende estos tres.

PRINCIPALES ESCALAS MAYORES

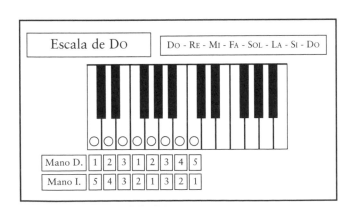

Escala de DO — DO - RE - MI - FA - SOL - LA - SI - DO

Mano D.	1	2	3	1	2	3	4	5
Mano I.	5	4	3	2	1	3	2	1

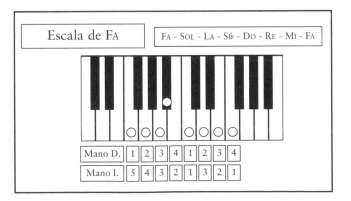

Escala de FA — FA - SOL - LA - SIb - DO - RE - MI - FA

Mano D.	1	2	3	4	1	2	3	4
Mano I.	5	4	3	2	1	3	2	1

Escala de SOL — SOL - LA - SI - DO - RE - MI - FA# - SOL

Mano D.	1	2	3	1	2	3	4	5
Mano I.	5	4	3	2	1	3	2	1

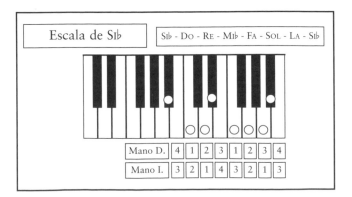

Escala de SIb — SIb - DO - RE - MIb - FA - SOL - LA - SIb

Mano D.	4	1	2	3	1	2	3	4
Mano I.	3	2	1	4	3	2	1	3

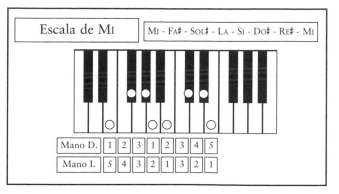

Escala de RE — RE - MI - FA♯ - SOL - LA - SI - DO♯ - RE

Mano D.	1	2	3	1	2	3	4	5
Mano I.	5	4	3	2	1	3	2	1

Escala de MI — MI - FA♯ - SOL♯ - LA - SI - DO♯ - RE♯ - MI

Mano D.	1	2	3	1	2	3	4	5
Mano I.	5	4	3	2	1	3	2	1

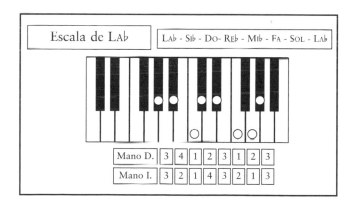

Escala de LA — LA - SI - DO♯ - RE - MI - FA♯ - SOL♯ - LA

Mano D.	1	2	3	1	2	3	4	5
Mano I.	5	4	3	2	1	3	2	1

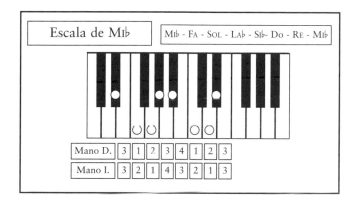

Escala de MI♭ — MI♭ - FA - SOL - LA♭ - SI♭ - DO - RE - MI♭

Mano D.	3	1	2	3	4	1	2	3
Mano I.	3	2	1	4	3	2	1	3

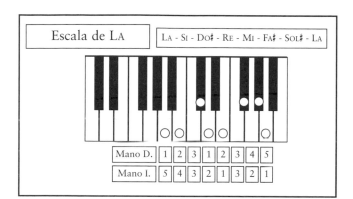

Escala de LA♭ — LA♭ - SI♭ - DO - RE♭ - MI♭ - FA - SOL - LA♭

Mano D.	3	4	1	2	3	1	2	3
Mano I.	3	2	1	4	3	2	1	3

Escala de RE♭ — RE♭ - MI♭ - FA - SOL♭ - LA♭ - SI♭ - DO - RE♭

Mano D.	2	3	1	2	3	4	1	2
Mano I.	3	2	1	4	3	2	1	3

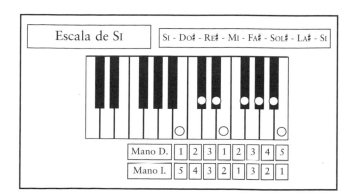

Escala de SI — SI - DO♯ - RE♯ - MI - FA♯ - SOL♯ - LA♯ - SI

Mano D.	1	2	3	1	2	3	4	5
Mano I.	5	4	3	2	1	3	2	1

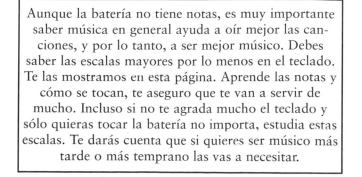

Aunque la batería no tiene notas, es muy importante saber música en general ayuda a oír mejor las canciones, y por lo tanto, a ser mejor músico. Debes saber las escalas mayores por lo menos en el teclado. Te las mostramos en esta página. Aprende las notas y cómo se tocan, te aseguro que te van a servir de mucho. Incluso si no te agrada mucho el teclado y sólo quieras tocar la batería no importa, estudia estas escalas. Te darás cuenta que si quieres ser músico más tarde o más temprano las vas a necesitar.

IMPORTANTE

Para tocar una canción o acompañarla, necesitas *sentir la música*. Esto lo puedes lograr a través de la práctica y el estudio. Hay tres elementos muy importantes que forman parte de la música:

Ritmo
Melodía
Armonía

RITMO

El *ritmo* es un patrón musical formado por una serie de notas o unidades que son de duración diferentes. Por ejemplo la música disco, la cumbia, o la mayoría de música bailable tienen un ritmo muy marcado. La batería es un instrumento de percusión que marca el ritmo. Más adelante vas a entender mejor lo que es el ritmo. El ritmo puede expresarse con un sólo sonido o por varios sonidos. Éste es un ejemplo de ritmo usando un sólo sonido:

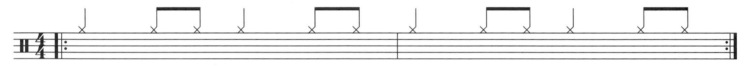

MELODÍA

La *melodía* es una sucesión de notas musicales que forman una frase musical o idea. Quiere decir que si creas un ritmo con diferentes sonidos, formas una melodía. Las melodías pueden (y deben) variar el ritmo, para que no sean monótonas o aburridas. Las melodías dependen mucho del compositor o del estilo de música del que se trate.

ARMONÍA

La *armonía* es la comprención de las escalas y los acordes. Cuando tocas varias melodías al mismo tiempo, por ejemplo una con piano, otra con guitarra y al mismo tiempo tocas el bajo, cada instrumento va haciendo una melodía diferente (la melodía es como una tonadita). Cuando eso pasa, hay momentos en que suenan tres notas o más al mismo tiempo, y eso forma los *acordes*. La armonía es la parte de la música que estudia los acordes y cómo se deben de usar para formar progresiones de acordes o círculos para poder así acompañar las canciones.

Cómo Se Toca La Batería

Recuerda que este método se llama *musíca fácil*, por eso vamos a mostrar la manera más fácil posible de tocar la batería.

La batería se toca con las dos manos y con los dos pies. Aunque parezca difícil de creer se toca también con todo el cuerpo. La batería básica se compone de: bombo, caja o tarola, *hi-hat*, platillo y dos o tres *tom-tom*. Algunas tienen como 10 platillos y 7 ó 8 *tom-tom*. En este libro estudiaremos la batería básica. Sería imposible que en un solo libro aprendieras toda la música que existe o que aprendieras a tocar el instrumento perfectamente bien, pero este libro es una muy buena base.

La batería no tiene tonos musicales. Se basa solamente en el *ritmo*. Es muy importante que un buen músico sepa *música*, por eso a lo largo de este libro aprenderás a formar escalas y a reconocer las notas al menos en su forma básica, para que seas un músico completo.

Como la batería no tiene tonos, se escribe sobre líneas, sin usar una clave especial. Algunas veces se pone una sola línea, y a veces cinco. El lugar donde se escribe el instrumento puede cambiar también, pero lo importante es que sepas donde tocar el ritmo señalado. Fíjate en este dibujo y lo entenderás.

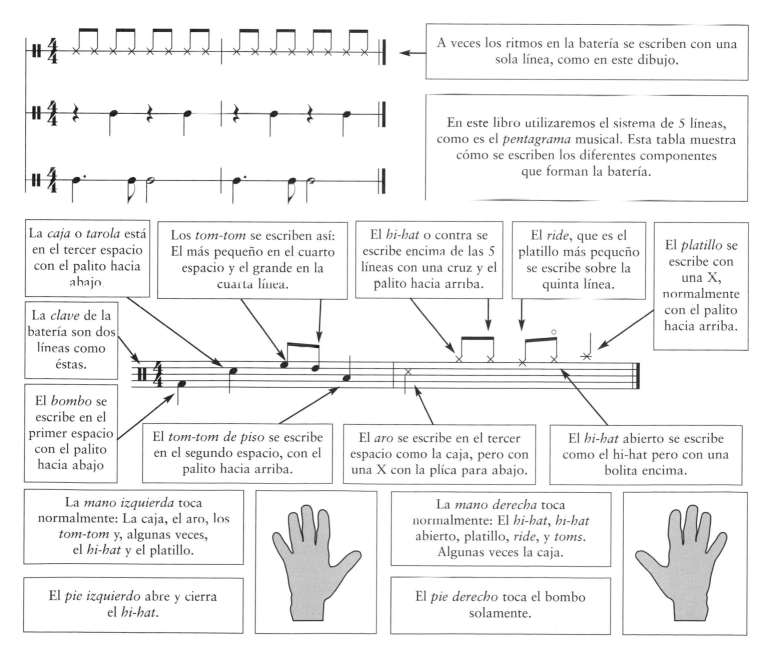

A veces los ritmos en la batería se escriben con una sola línea, como en este dibujo.

En este libro utilizaremos el sistema de 5 líneas, como es el *pentagrama* musical. Esta tabla muestra cómo se escriben los diferentes componentes que forman la batería.

La *caja* o *tarola* está en el tercer espacio con el palito hacia abajo.

Los *tom-tom* se escriben así: El más pequeño en el cuarto espacio y el grande en la cuarta línea.

El *hi-hat* o contra se escribe encima de las 5 líneas con una cruz y el palito hacia arriba.

El *ride*, que es el platillo más pequeño se escribe sobre la quinta línea.

El *platillo* se escribe con una X, normalmente con el palito hacia arriba.

La *clave* de la batería son dos líneas como éstas.

El *bombo* se escribe en el primer espacio con el palito hacia abajo

El *tom-tom de piso* se escribe en el segundo espacio, con el palito hacia arriba.

El *aro* se escribe en el tercer espacio como la caja, pero con una X con la plíca para abajo.

El *hi-hat* abierto se escribe como el hi-hat pero con una bolita encima.

La *mano izquierda* toca normalmente: La caja, el aro, los *tom-tom* y, algunas veces, el *hi-hat* y el platillo.

La *mano derecha* toca normalmente: El *hi-hat*, hi-hat abierto, platillo, *ride*, y *toms*. Algunas veces la caja.

El *pie izquierdo* abre y cierra el *hi-hat*.

El *pie derecho* toca el bombo solamente.

PRINCIPIOS DE ARMONÍA

La *armonía*, es el estudio de los acordes.

Un *acorde* se le llama a 3 notas diferentes o más de 3 notas diferentes tocadas al mismo tiempo.

Cuando sólo tocas 2 notas diferentes al mismo tiempo, se le llama *intervalo*.

Cuando tocas un acorde, y luego otro y otro y otro, formas un *círculo*. (En música esto se conoce como *progresión*). Las canciones se acompañan con varios acordes. Por eso, es tan importante conocer todos los acordes.

ACORDES MAYORES Y ACORDES MENORES

Para formar un acorde en la escala de Do mayor, escribes tres notas juntas, una encima de la otra. Usando las líneas...

o los espacios.

Fíjate en la distancia que hay de una nota a otra siguiendo el ejemplo del orden de las notas de Do a Do.
Do (Do♯ o Re♭) Re (Re♯ o Mi♭) Mi Fa (Fa♯ o Sol♭) Sol (Sol♯ o La♭) La (La♯ o Si♭) Si Do

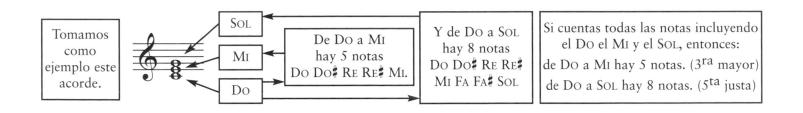

Tomamos como ejemplo este acorde. — Sol, Mi, Do

De Do a Mi hay 5 notas Do Do♯ Re Re♯ Mi.

Y de Do a Sol hay 8 notas Do Do♯ Re Re♯ Mi Fa Fa♯ Sol

Si cuentas todas las notas incluyendo el Do el Mi y el Sol, entonces:
de Do a Mi hay 5 notas. (3ra mayor)
de Do a Sol hay 8 notas. (5ta justa)

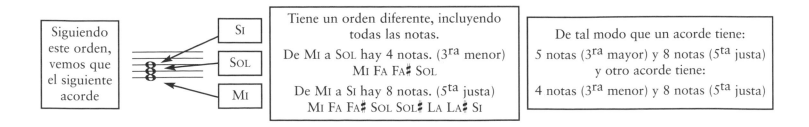

Siguiendo este orden, vemos que el siguiente acorde — Si, Sol, Mi

Tiene un orden diferente, incluyendo todas las notas.
De Mi a Sol hay 4 notas. (3ra menor)
Mi Fa Fa♯ Sol
De Mi a Si hay 8 notas. (5ta justa)
Mi Fa Fa♯ Sol Sol♯ La La♯ Si

De tal modo que un acorde tiene:
5 notas (3ra mayor) y 8 notas (5ta justa)
y otro acorde tiene:
4 notas (3ra menor) y 8 notas (5ta justa)

El acorde que tiene una *3ra mayor* y una *5ta justa* es un *acorde mayor*.
El acorde que tiene una *3ra menor* y una *5ta justa* es un *acorde menor*.

Vamos a comenzar a tocar música inmediatamente. Vas a notar como desde la canción Nº 1 ya estás tocando en grupo. Vas a tocar tu parte en tu instrumento mientras los demás tocan el suyo y juntos van a producir la música que escuchas en el CD. Claro que la música comienza siendo muy simple en la canción Nº 1, pero al final vas a notar la diferencia. No te desanimes ni te desesperes, toca todas las canciones. Poco a poco vas a ver como puedes tocar canciones que te gustan como las que tocan tus grupos favoritos.

Este método es el primer nivel, pero si los terminas todos, te garantizamos que vas a tocar como todo un profesional. Lo bueno de este método es que toda la música que escuchas en el CD, esta hecha a tu medida, así que si quieres saber como tocarías de ahora hasta el final del libro, sólo tienes que escuchar el CD y te darás cuenta del progreso que vas a tener. Comenzamos con poco y terminamos con mucho. Felicidades por la compra de este libro. ¡Ahora comenzamos a tocar música!

⭐ MIS PRIMEROS PININOS

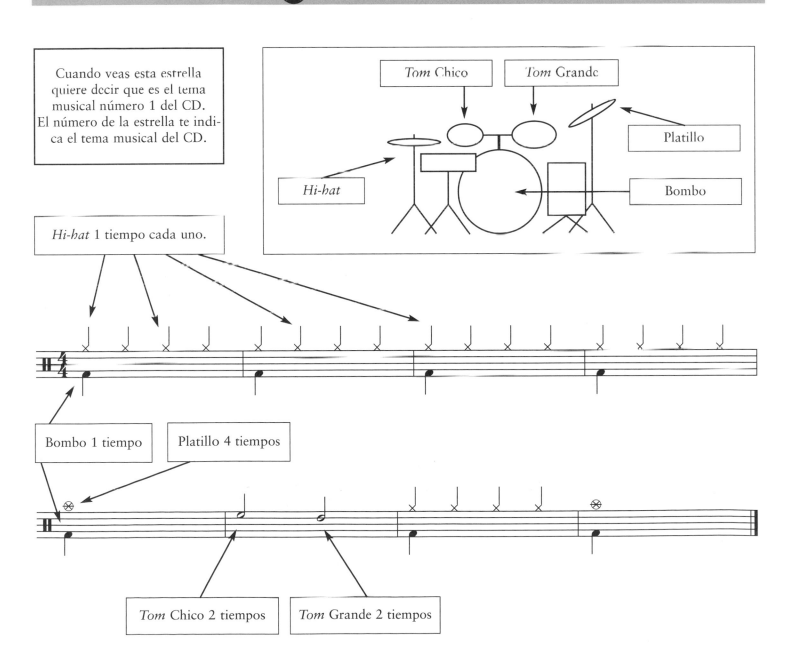

② MIS PRIMEROS PININOS (GRUPO)

Primero se lee el *hi-hat*...Luego el *hi-hat*, y el bombo...Despues el *hi-hat* y el bombo con el bajo...Y sigues con *hi-hat*, bombo, bajo, y guitarra...Y por último se lee todo los instrumentos: *hi-hat*, bombo, bajo, y guitarra con el piano.

Sigues así hasta terminar con toda la *partitura*. Es muy fácil. Escucha el CD muchas veces.

> La música se lee de forma vertical y de abajo a arriba.
> En el *primer compás* se toca *al mismo tiempo*:

> Y el Do mayor del piano o teclado.

Piano

> El acorde de la guitarra

Guitarra

> el Do del bajo

Bajo

Batería

> el bombo   el *Hi-hat*

> Cuando se lee el arreglo general, en donde hay varios instrumentos escritos, se lee horizontalmente. Cada instrumento ocupa un pentagrama. La batería se lee en estas dos líneas.

En esta primera canción vas a tocar un ritmo muy simple. Al final del libro sin embargo, vas a tocar varias canciones ya más completas. Lo importante es que cada canción que toques, tiene algo que enseñarte y si lo aprendes bien todo y estudias diariamente, vas a aprender lo necesario para tocar las canciones que te gustan o tocar con un grupo. En esta partitura está la música de todos los instrumentos de esta canción. Fíjate lo que hace cada uno y escucha el CD para que le entiendas mejor.

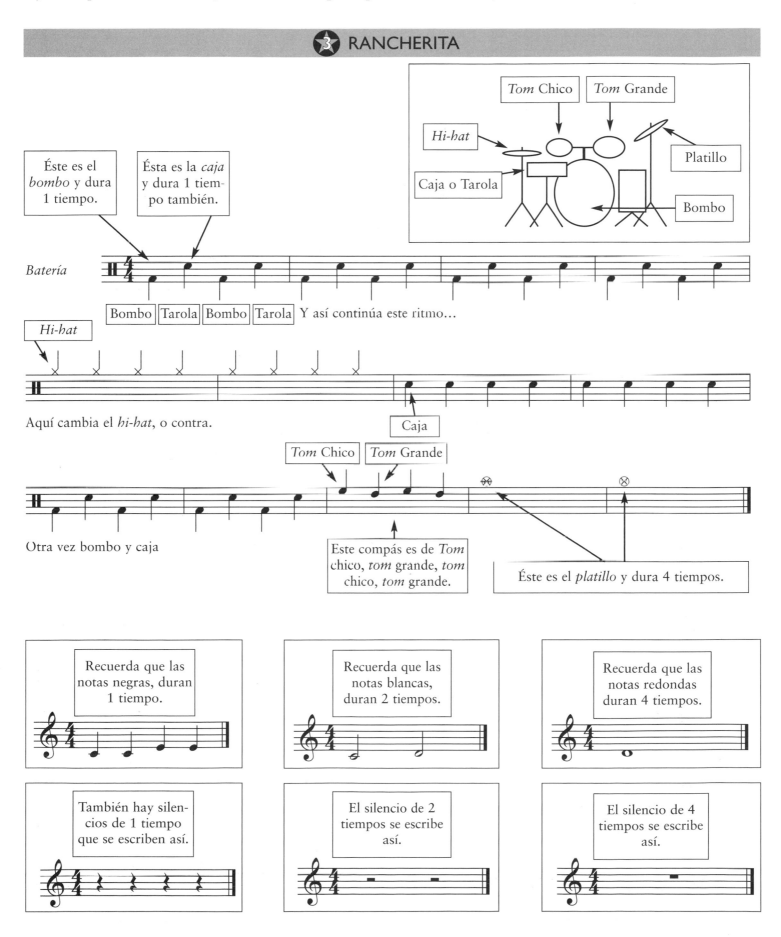

⭐4 RANCHERITA (GRUPO)

Partitura General: Una partitura general es donde se escriben todos los instrumentos, uno encima del otro. Ya viste el ejemplo en la canción anterior, aquí te explico un poco más. Lo principal es escuchar el tema musical en el CD muchas veces y poco a poco lo vas a ir entendiendo.

La música se lee por compases, éste es el primer compás.

Un compás es la distancia que hay en medio de las dos líneas verticales del pentagrama.

Esto es un compás

Una

Dos

Cada uno de estos espacios es un compás.

En este caso se dice que es un compás, porque toda la música se lee junta. El tiempo que ocupa la batería, es el mismo que la guitarra y el mismo que el bajo y el piano; por eso: en el mismo compás tocan todos los instrumentos al mismo tiempo. Por eso se le dice que es un sólo compás.

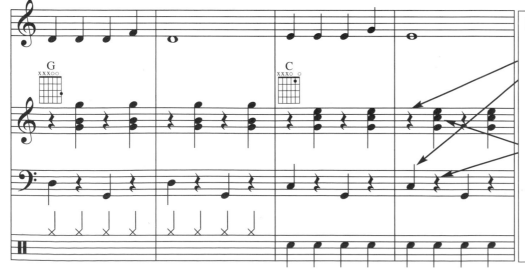

Escucha este ritmo y te darás cuenta de cómo se combina el bajo con la guitarra. En el primer tiempo, toca el bajo y la guitarra se mantiene en silencio. En el segundo tiempo, toca la guitarra y el bajo se mantiene en silencio. Lo mismo ocurre en el tercer y cuarto tiempo. Trata de escuchar cada instrumento por separado; primero uno y luego otro, y vas a ver que es divertido.

De esta forma, cuando escuches otra canción que se parezca a este ritmo, sabrás cómo se toca y cómo se escribe.

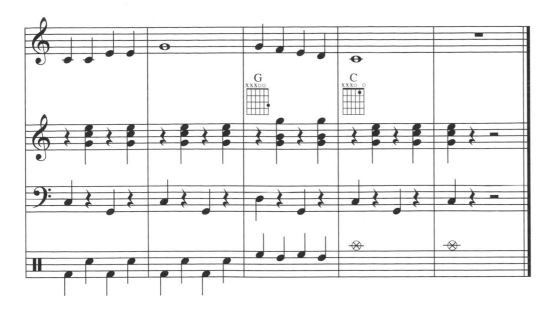

Quizá este ejemplo te parezca algo confuso. Dedícale media hora de tu tiempo y te garantizo que le vas a entender.

Además toda la información que contiene este libro te facilitará el aprendizaje de la música para que cuando escuches o toques música lo disfrutes aún más.

⑤ SIMPLEMENTE TÚ

En la página 24 hay una explicación más completa sobre las corcheas (o octavas).

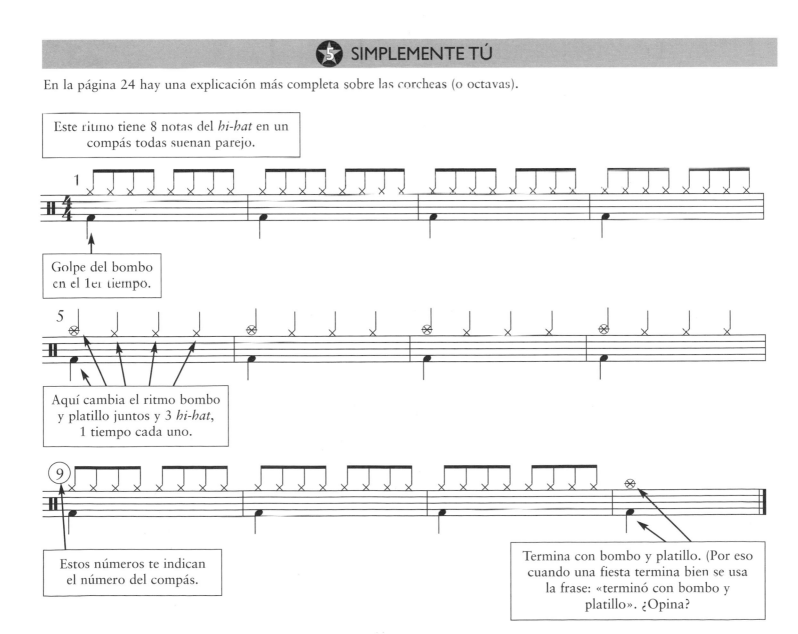

Este ritmo tiene 8 notas del *hi-hat* en un compás todas suenan parejo.

Golpe del bombo en el 1er tiempo.

Aquí cambia el ritmo bombo y platillo juntos y 3 *hi-hat*, 1 tiempo cada uno.

Estos números te indican el número del compás.

Termina con bombo y platillo. (Por eso cuando una fiesta termina bien se usa la frase: «terminó con bombo y platillo». ¿Opina?

6 SIMPLEMENTE TÚ (GRUPO)

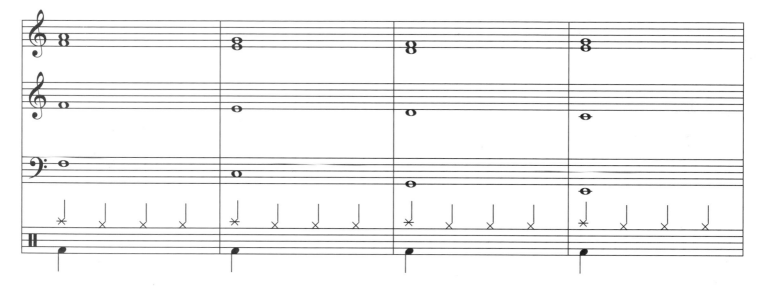

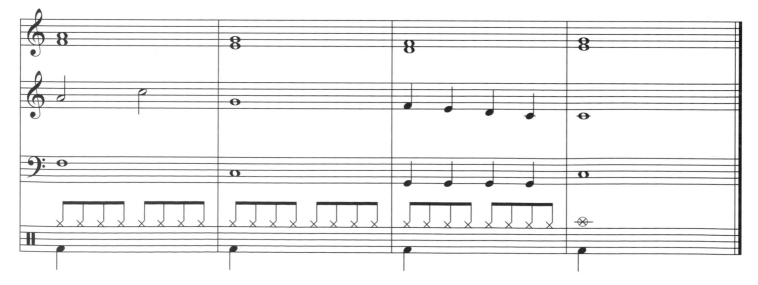

Como ya tienes una idea de cómo se lee una partitura, trata de leerla siguiendo la música con el CD. Si no lo entiendes bien, repasa las páginas anteriores. Recuerda marcar y contar el tiempo, seguir cada uno de los instrumentos, fijarte si la nota sube o baja y tocar tu instrumento junto con el grupo.

⭐ ESCALA DE DO

La escala de Do es la básica además de ser la primera escala que vamos a aprender. Las notas son: DO-RE-MI-FA-SOL-LA-SI-DO. Una escala se forma con 7 notas y repitiendo la primera nota al final son 8 notas en total. Hay varios tipos de escalas, ésta es una escala *mayor*.

En medio de DO y RE, hay una nota que es DO# o RE♭. Notarás también, que en medio de MI y FA, no hay nada. Tampoco hay nada entre SI y DO. De esta manera se forma la escala de DO mayor, siguiendo el orden natural de las notas.

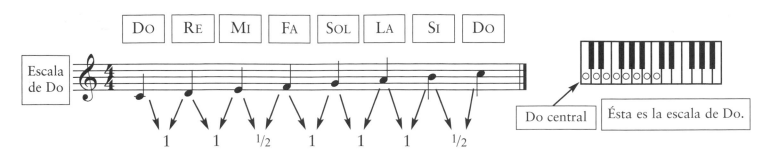

Fíjate que en ese orden están las notas negras del piano. Un grupo de 2 y un grupo de 3.

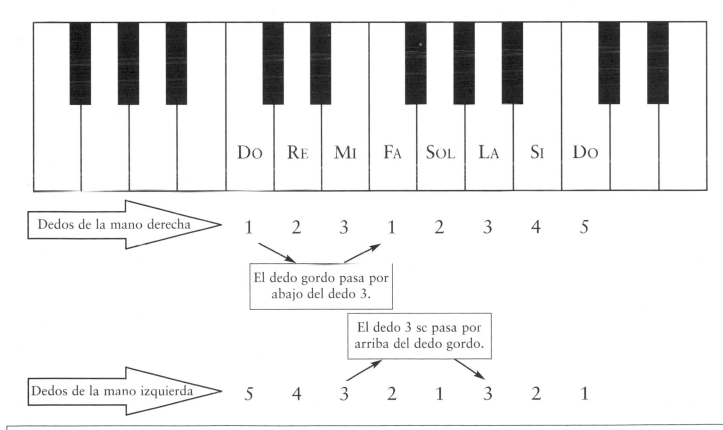

Cuando la mano derecha va de bajada, el dedo 3 pasa por arriba del dedo gordo. Repite esto hacia arriba y hacia abajo sin parar. Cuando la mano izquierda va de bajada, el dedo gordo pasa por debajo del dedo 3, Repite esto hacia arriba y hacia abajo sin parar. Practica esta escala muchas veces todos los días..

ARMONÍA EN EL TECLADO

INTERVALOS

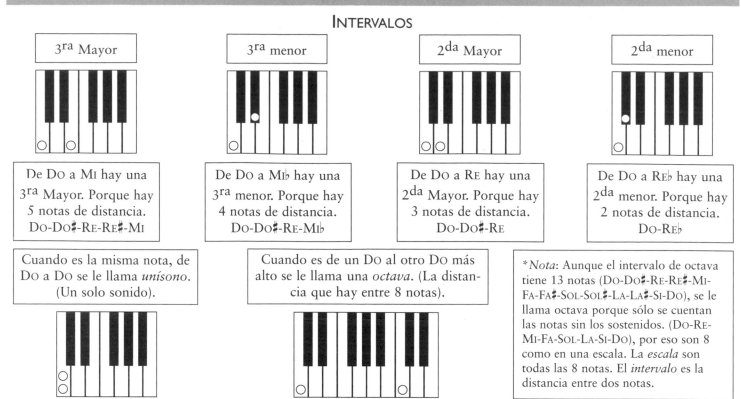

3ra Mayor	3ra menor	2da Mayor	2da menor

De Do a MI hay una 3ra Mayor. Porque hay 5 notas de distancia. DO-DO♯-RE-RE♯-MI

De Do a MI♭ hay una 3ra menor. Porque hay 4 notas de distancia. DO-DO♯-RE-MI♭

De Do a RE hay una 2da Mayor. Porque hay 3 notas de distancia. DO-DO♯-RE

De Do a RE♭ hay una 2da menor. Porque hay 2 notas de distancia. DO-RE♭

Cuando es la misma nota, de Do a Do se le llama *unísono*. (Un solo sonido).

Cuando es de un Do al otro Do más alto se le llama una *octava*. (La distancia que hay entre 8 notas).

*Nota: Aunque el intervalo de octava tiene 13 notas (DO-DO♯-RE-RE♯-MI-FA-FA♯-SOL-SOL♯-LA-LA♯-SI-DO), se le llama octava porque sólo se cuentan las notas sin los sostenidos. (DO-RE-MI-FA-SOL-LA-SI-DO), por eso son 8 como en una escala. La *escala* son todas las 8 notas. El *intervalo* es la distancia entre dos notas.

⑧ RANCHERA

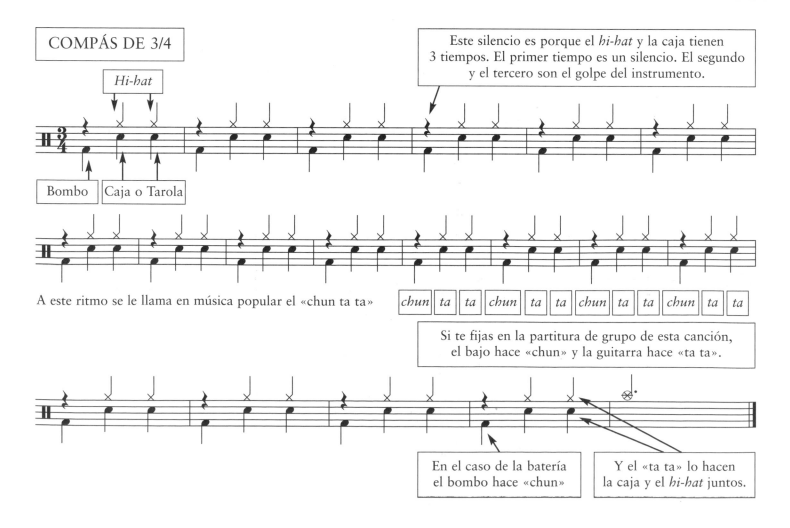

COMPÁS DE 3/4

Hi-hat

Este silencio es porque el *hi-hat* y la caja tienen 3 tiempos. El primer tiempo es un silencio. El segundo y el tercero son el golpe del instrumento.

Bombo   Caja o Tarola

A este ritmo se le llama en música popular el «chun ta ta»

| chun | ta | ta | chun | ta | ta | chun | ta | ta | chun | ta | ta |

Si te fijas en la partitura de grupo de esta canción, el bajo hace «chun» y la guitarra hace «ta ta».

En el caso de la batería el bombo hace «chun»

Y el «ta ta» lo hacen la caja y el *hi-hat* juntos.

🟊9 RANCHERA (GRUPO)

⑩ TU DULCE AMOR

Esta pequeña balada es muy fácil. Observa que cuanto más estudias, más fácil es tocar canciones.

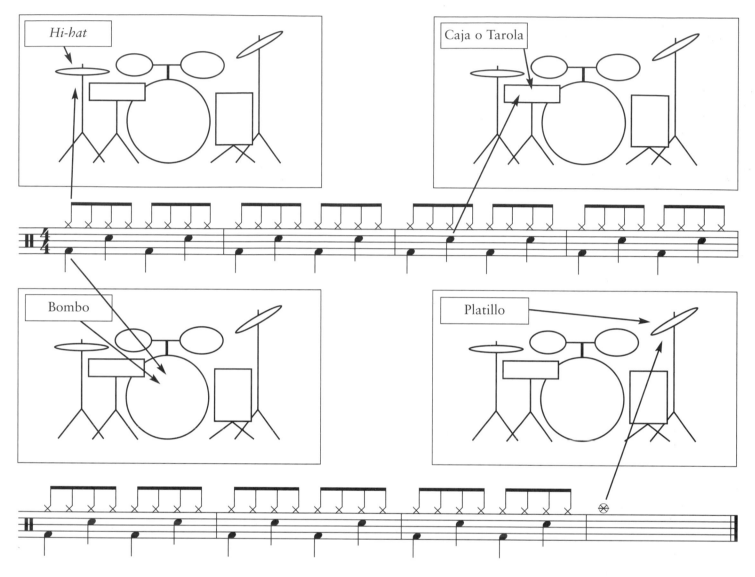

IMPORTANTE

La mejor forma de leer las notas es ésta.

1. Recuerda que el bombo está en el primer espacio normalmente.
2. La caja está en el tercer espacio.
3. El hi-hat se escribe con una X.
4. Practica mucho.

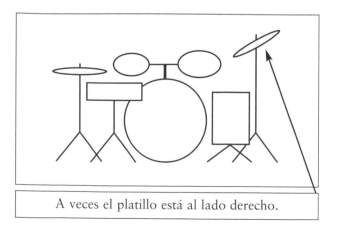

A veces el platillo está al lado derecho.

A veces el platillo está al lado izquierdo.

TU DULCE AMOR (GRUPO)

Observa que el ritmo de esta canción se repite. En la siguiente lección vas a aprender un símbolo que te ayudará a no tener que escribir el mismo ritmo tantas veces. Es un símbolo que se usa en la batería para indicar que la música se repite.

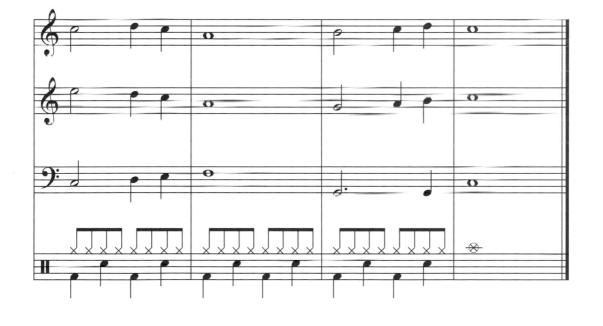

12 LA ESCALA DE SOL

Así se forma la escala de SOL mayor. Tomas como base la escala de DO mayor, (pág. 19), y la divides en dos poniendo las últimas 4 notas en otro pentagrama más arriba. En el segundo pentagrama le agregas 4 notas para tener 8 notas; de SOL a SOL. El orden tiene que ser el mismo en las dos escalas, por eso tienes que agregar el ♯ (sostenido) al FA, para que tenga el mismo orden. Entonces resulta una nota nueva: el FA♯ (FA sostenido).

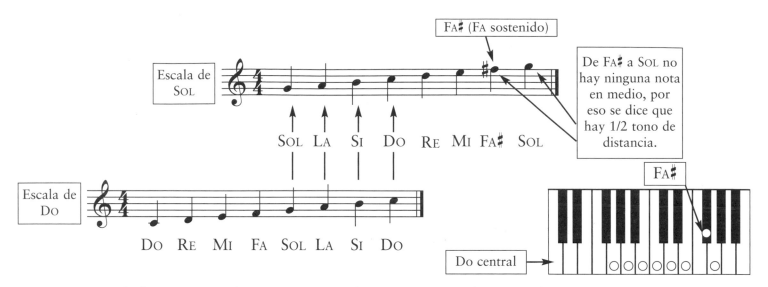

Nota: Aunque la batería no utiliza tonos musicales, presentamos la teoría de la música en el *teclado*. Recuerda que es muy importante conocer la teoría para ser buen músico.

13 AMANECER

Algunas veces, cuando tocas una canción, hay partes de la música que se repiten exactamente igual. Para no tener que volver a escribir la misma música dos veces, simplemente la tocas una vez y repites lo mismo fijándote en los signos de repetición.

Cuando veas este signo ‖: Tocas la música hasta que encuentres este otro :‖. Entonces, vuelves de nuevo al signo ‖: y vuelves a repetir la misma música. Eso quiere decir que: *toda la música que esté en medio de este signo ‖: y este signo :‖ se tiene que repetir.*

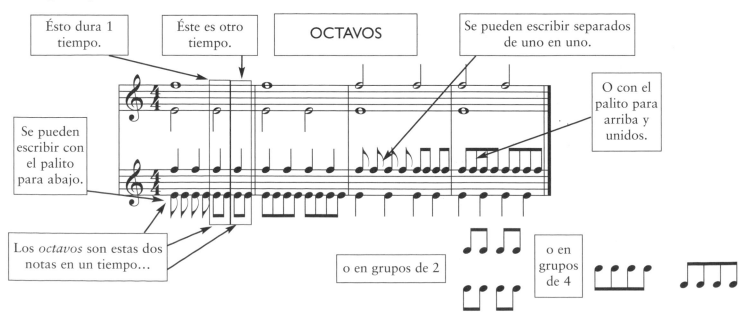

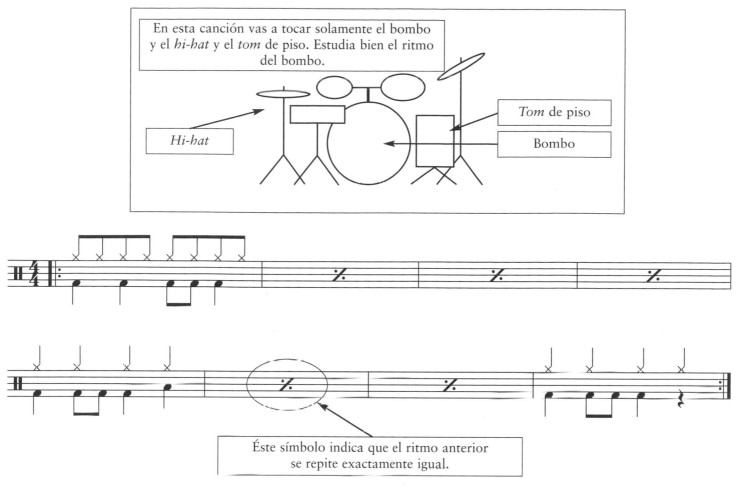

14 AMANECER (GRUPO)

Ya debes poder leer el pentagrama de esta canción más o menos bien. Sigue escuchando el CD y practica mucho.

15 SOLAMENTE DOS VECES

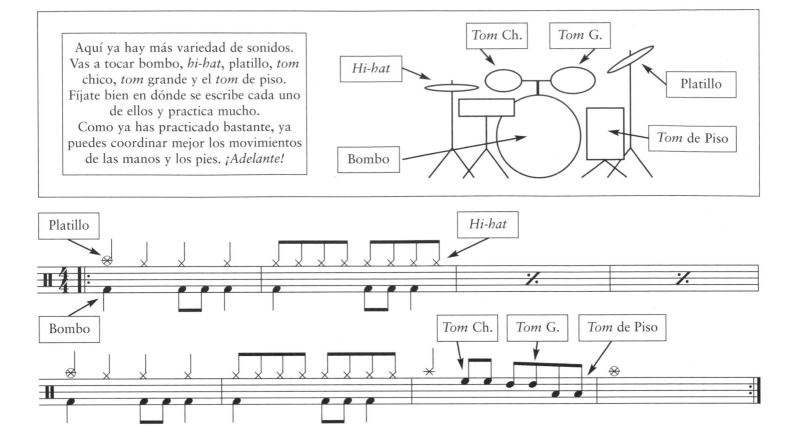

Aquí ya hay más variedad de sonidos. Vas a tocar bombo, *hi-hat*, platillo, *tom* chico, *tom* grande y el *tom* de piso. Fíjate bien en dónde se escribe cada uno de ellos y practica mucho. Como ya has practicado bastante, ya puedes coordinar mejor los movimientos de las manos y los pies. *¡Adelante!*

16 SOLAMENTE DOS VECES (GRUPO)

🟊17 EL CHA-CHÁ

Este ritmo es movidito. No es muy difícil, pero como va un poco rápido, te puede costar un poco de trabajo–estoy seguro de que si estudias lo vas a poder tocar sin problemas. El bombo va tocando los 4 tiempos y la caja en el 2 y 4. El *hi-hat* en corcheas de igual duración. Presta atención a los *remates* de toms. Remate se dice *break* en inglés. Hay un silencio al final.

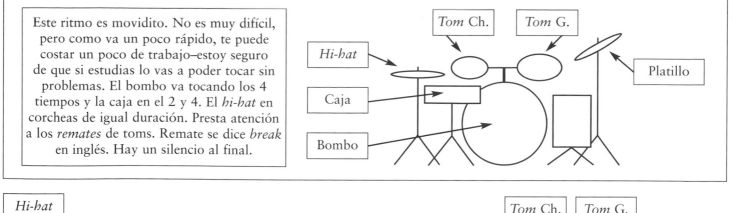

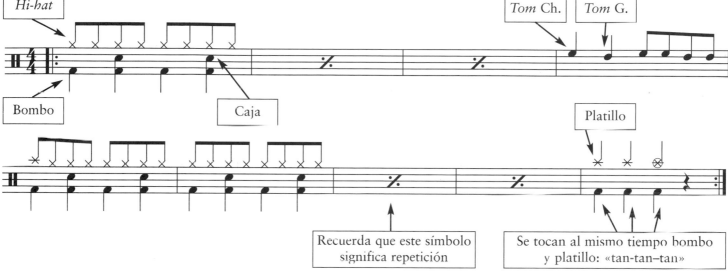

Recuerda que este símbolo significa repetición

Se tocan al mismo tiempo bombo y platillo: «tan-tan–tan»

🟊18 EL CHA-CHÁ (GRUPO)

Recuerda las manos con la que se deben de tocar los diferentes componentes de este instrumento.
Te lo recordamos.
MANO DERECHA:
Hi-hat cerrado,
hi-hat abierto,
platillo,
Toms
(Algunas veces la caja)

MANO IZQUIERDA:
Caja,
toms
(Algunas veces el *hi-hat*, el platillo, o el *crash* o platillo chico.)

PIE DERECHO: El bombo

PIE IZQUIERDO:
Abre y cierra el *hi-hat*
(Algunas veces hace
ritmo con el *hi-hat*)

Las *baquetas* se tocan
normalmente sujetando
el extremo grueso con
las manos mientras que
la parte más delgada es
la que hace contacto con
el instrumento.

Estos consejos te van
a ayudar mucho.
Recuerda que la música
es *creatividad*.
Cuando domines estas
técnicas puedes intentar
otras. Elige con la que
te sientas mas cómodo.

⑲ TODO POR TI

El *aro* es el metal que rodea la caja y se toca en ba-
laditas. Escucha el CD, para que sepas como se oye.
Se toca con la baqueta al revés, apoyando la mano
izquierda en la caja y pegándole al aro (*rim shot*).

ANACRUSA

La anacrusa ocurre cuando la música no comienza en
el primer tiempo. Empiezas a contar y comienzas a
tocar *antes* del primer tiempo del siguiente compás.

Practica mucho todos los días. Si no tienes una batería,
practica aunque sea con almohadas y cojines de tu casa.

A esto se le llama
anacrusa

La *anacrusa* ocurre cuando la música comienza
antes del primer tiempo. Éste es el primer tiempo.

El aro se escribe en el mismo lugar
que la caja pero con una X.

Observa cómo la música comienza
antes del primer compás.

En este caso empieza en el cuarto
tiempo con un remate de *toms*.

Leer música, es decir ver la partitura general, es como probar una comida, con la receta exacta de los ingredientes. Si a uno le gustó la comida, es muy fácil volverla a hacer. Pero si no vemos la receta, solamente vamos a estar adivinando lo que tiene. Ocurre lo mismo con la música. Sin ver las notas, sólo adivinamos lo que es. Si todavía no hemos desarrollado el oído musical, no vamos a saber cuáles notas son. Por eso es bueno acostumbrarse a leer la música, escuchar y ver las notas al mismo tiempo. Si lo haces vas a aprender música mucho más rápido.

NEGRA CON PUNTILLO

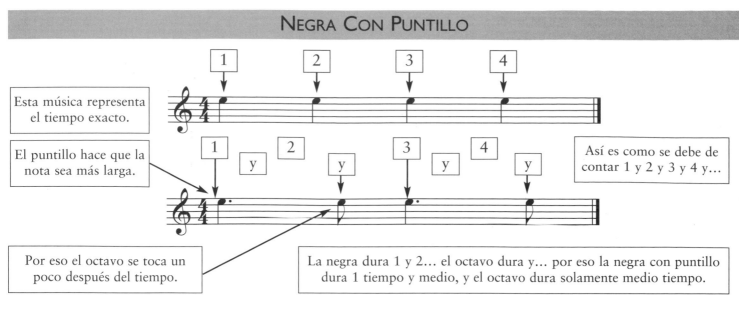

Esta música representa el tiempo exacto.

El puntillo hace que la nota sea más larga.

Así es como se debe de contar 1 y 2 y 3 y 4 y...

Por eso el octavo se toca un poco después del tiempo.

La negra dura 1 y 2... el octavo dura y... por eso la negra con puntillo dura 1 tiempo y medio, y el octavo dura solamente medio tiempo.

21 NO COMPRENDO

El título de la canción es *No comprendo*. Creo que para estas alturas, ya comprendes muy bien lo que debes hacer. Conoces la *ligadura*, que alarga el sonido. Ya sabes lo que es la anacrusa, cuando empiezas antes del primer tiempo. Ya has visto el ritmo de negra con puntillo. Comprendes lo que son las notas, los tiempos, *etc.* Entonces, ¡a tocar esta canción! Estoy seguro que puedes decir: «sí comprendo».

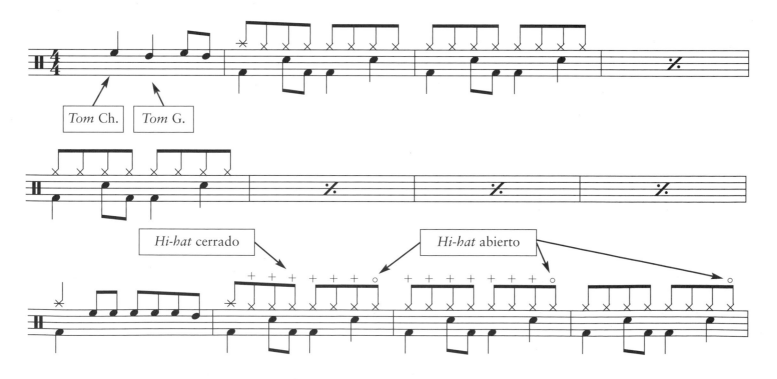

Tom Ch.

Tom G.

Hi-hat cerrado

Hi-hat abierto

El *hi-hat* se puede tocar cerrado o abierto. Cuando lo abres tienes que dejar de pisar el pedal del pie izquierdo y lo tocas normal.

El sonido del *hi-hat* abierto es diferente al del *hi-hat* cerrado, y se usa para diferentes estilos de música. Normalmente el símbolo para el *hi-hat* cerrado es un símbolo de más «+» y para el abierto es una bolita «o», pero como se usa más cerrado, casi no se pone el más «+», Cuando se abre, entonces si se debe de poner la bolita «o».

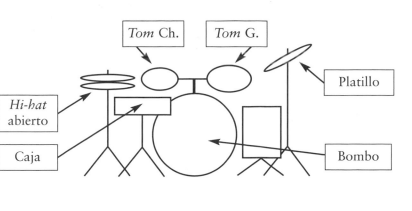

22 NO COMPRENDO (GRUPO)

Casi puedo asegurar que has dicho «sí comprendo» esta partitura, ¿verdad?

23 LA ESCALA DE RE

Así se forma la escala de RE mayor. Tomas como base la escala de SOL mayor, y la divides en dos poniendo las últimas 4 notas en otro pentagrama más arriba. En el segundo pentagrama le agregas 4 notas para tener 8 notas, de RE a RE. El orden tiene que ser el mismo en las dos escalas, por eso, tienes que agregar el ♯ (sostenido) al DO, para que tenga el mismo orden. Entonces resulta una nota nueva: el DO♯ (DO sostenido).

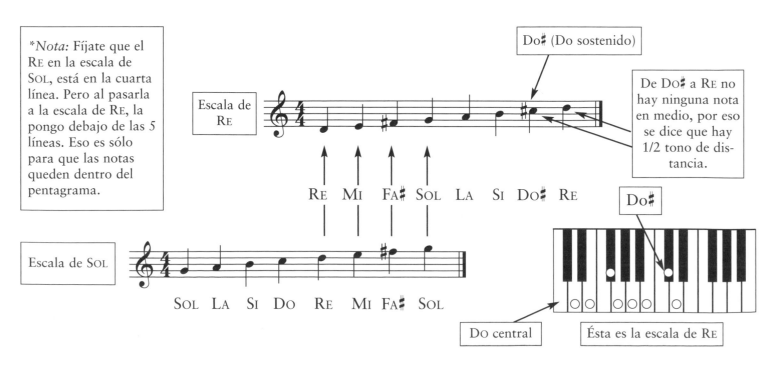

*Nota: Fíjate que el RE en la escala de SOL, está en la cuarta línea. Pero al pasarla a la escala de RE, la pongo debajo de las 5 líneas. Eso es sólo para que las notas queden dentro del pentagrama.

Do♯ (Do sostenido)

De DO♯ a RE no hay ninguna nota en medio, por eso se dice que hay 1/2 tono de distancia.

Escala de RE

RE MI FA♯ SOL LA SI DO♯ RE

Do♯

Escala de SOL

SOL LA SI DO RE MI FA♯ SOL

Do central

Ésta es la escala de RE

Nota: Recuerda que la batería no tiene tonos musicales pero aún así debes aprender para ser un buen músico.

(24) BACH NORTEÑO

Ya estás en el nivel intermedio. Esto quiere decir que ahora las canciones serán un poco más largas y con más notas. Esta canción está en el tono de Do. ¡Dale duro y practica mucho! Esta canción se compuso hace más de 300 años y todavía se toca. ¿Opina?

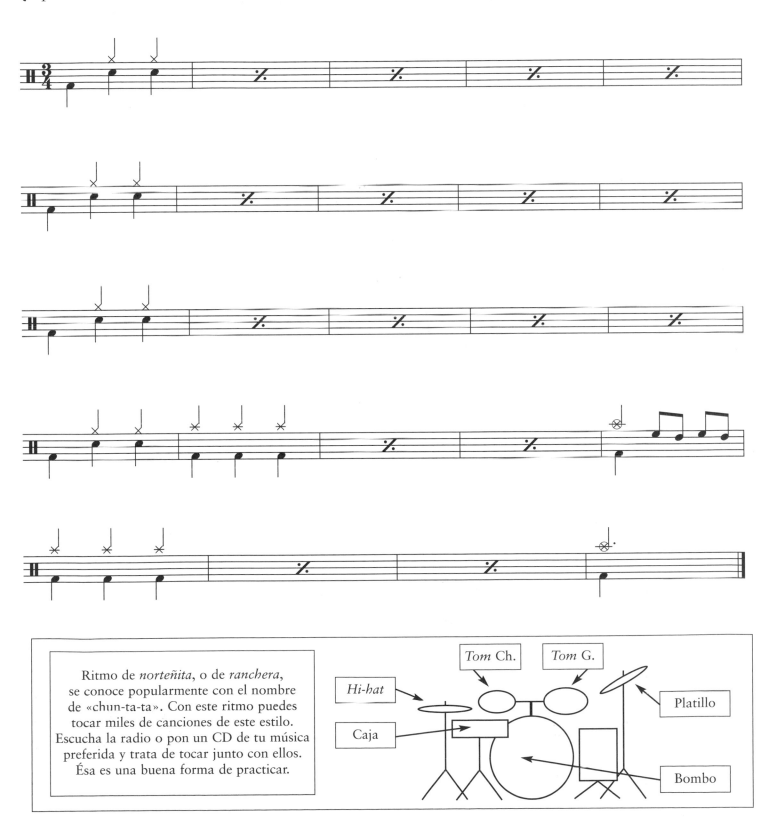

Ritmo de *norteñita*, o de *ranchera*, se conoce popularmente con el nombre de «chun-ta-ta». Con este ritmo puedes tocar miles de canciones de este estilo. Escucha la radio o pon un CD de tu música preferida y trata de tocar junto con ellos. Ésa es una buena forma de practicar.

34

25 BACH NORTEÑO (GRUPO)

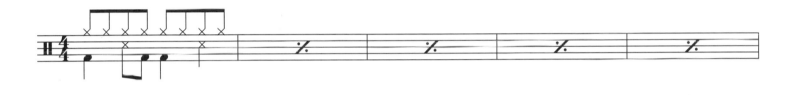

26 UN VELERO EN CHAPALA

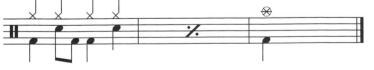

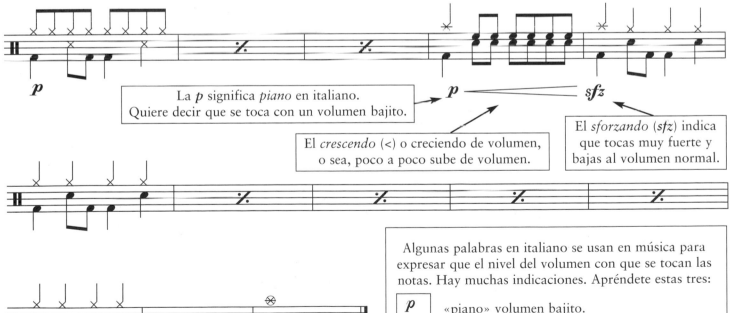

p

La *p* significa *piano* en italiano.
Quiere decir que se toca con un volumen bajito.

p ———————— *sfz*

El *sforzando* (*sfz*) indica
que tocas muy fuerte y
bajas al volumen normal.

El *crescendo* (<) o creciendo de volumen,
o sea, poco a poco sube de volumen.

Algunas palabras en italiano se usan en música para
expresar que el nivel del volumen con que se tocan las
notas. Hay muchas indicaciones. Apréndete estas tres:

p «piano» volumen bajito.

sfz «sforzando» muy fuerte
y bajas a un volumen normal.

«crescendo» poco a poco
vas subiendo el volumen.

27 UN VELERO EN CHAPALA (GRUPO)

Ésta es la partitura completa de la canción. Analízala y trata de ver lo que hace cada uno de los instrumentos.

28 LA ESCALA DE LA

Así se forma la escala de LA mayor. Tomas como base la escala de RE mayor, (pág. 32), y la divides en dos. Pones las ultimas 4 notas en otro pentagrama más arriba. En el segundo pentagrama le agregas 4 notas para tener 8 notas, de LA a LA. El orden tiene que ser el mismo en las dos escalas, por eso tienes que agregar el ♯ (sostenido) al SOL, para que tenga el mismo orden. Entonces resulta una nota nueva: el SOL♯ (SOL sostenido).

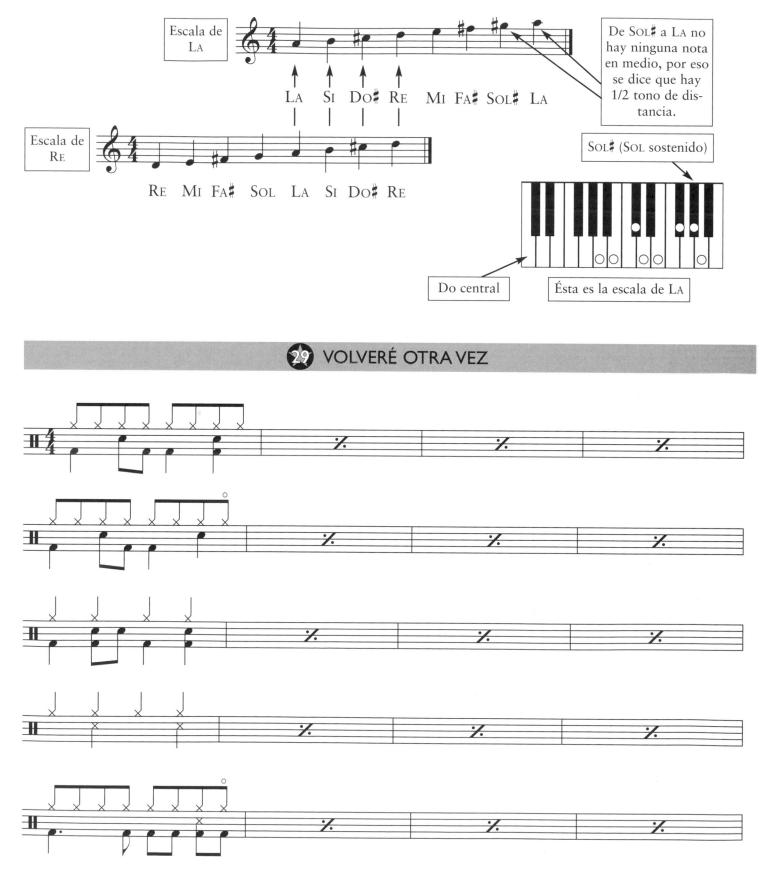

29 VOLVERÉ OTRA VEZ

Cada 4 compases la música es un poco diferente, va variando el ritmo. A este tipo de música se le llama variaciones y es muy popular en la música. A estas alturas ya debes de conocer perfectamente lo que tienes que hacer. ¡Practica mucho!

30 VOLVERÉ OTRA VEZ (GRUPO)

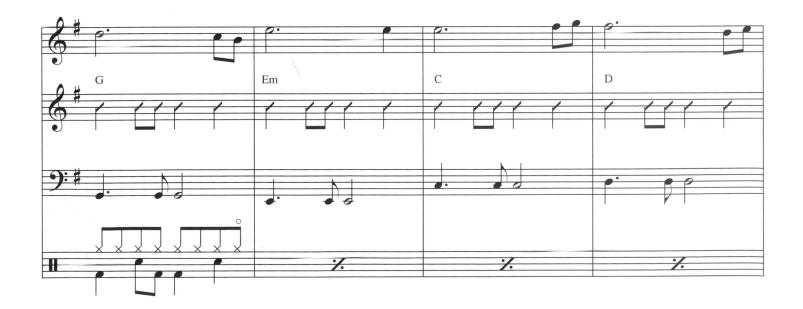

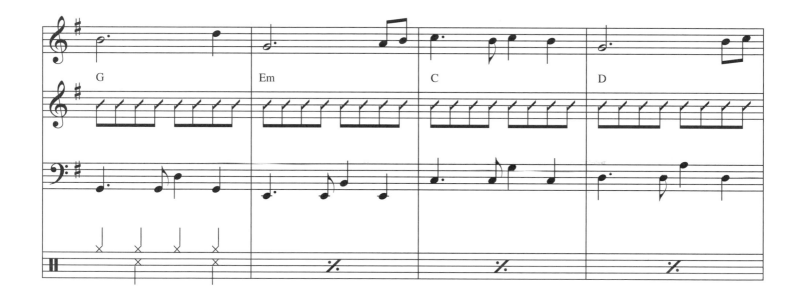

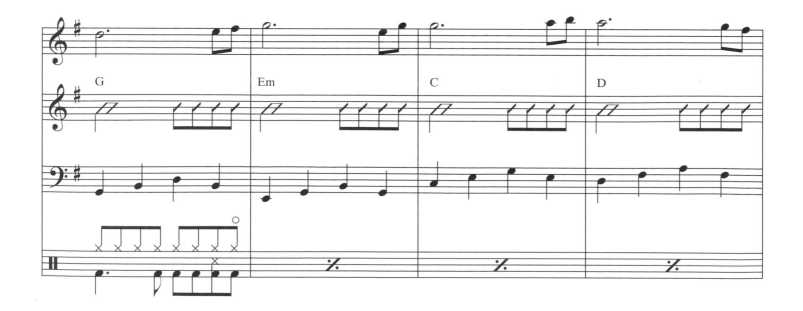

Éste es un buen ejemplo de variaciones. Escúchalo varias veces. Después, vas a poder tocar melodías diferentes de las que están aquí. ¡Enhorabuena por llegar hasta aquí!

31 EL *ROCK* DE LA ESCUELA

Esto es un acento. Indica que se toca más fuerte que las otras notas.

Recuerda las casillas de repetición. El ritmo es rápido. Relaja las manos y recuerda que la canción se repite. Escucha el CD y prepárate para la siguiente lección sobre la velocidad.

32 EL *ROCK* DE LA ESCUELA (GRUPO)

VELOCIDAD

Como puedes ver, ya vas muy adelantado. ¿Verdad que no te imaginabas que ibas a leer y entender la música tan rápidamente? ¡Atrévete con la siguiente lección sobre la velocidad!

Cualquier persona puede tocar un instrumento musical. Cualquiera puede tocar la canción más difícil del mundo siempre y cuando la canción se toque de forma exageradamente *lenta*. El problema está cuando hay que tocarla *a la velocidad que indica el tiempo*. La *velocidad* es un factor muy importante cuando se quiere tocar un instrumento. La única manera de obtener velocidad es a través de la *repetición* y la *práctica*.

Ya debes de poder tocar más o menos bien las siguientes canciones. Vamos a poner la canción *lenta* primero con el instrumento solo, y luego *lenta* con el grupo. Después viene la canción *rápida* con el instrumento solo, y por último *rápida* en grupo. De esa forma vas a notar que a medida que la velocidad sube, cuesta más trabajo tocar la canción.

Algunas canciones se van a oír mejor rápido que lento, o al revés. La idea es que toques lo mismo de las dos maneras para que notes la diferencia.

Otro punto importante de esta lección son los *ritmos diferentes*, es decir: *norteño*, *rock*, *balada*, *banda*, *mariachi* y *grupero*. De esa manera, puedes ver qué diferente es el uno del otro, y como tocar cada uno de ellos. Fíjate que algunas veces para que una canción se oiga más «completa» utilizas más instrumentos. En los estudios de grabación se puede «doblar» un instrumento; lo cual quiere decir que una persona toca un instrumento para que luego la misma persona toque en otro canal el mismo instrumento, así se oyen los dos instrumentos tocados por una sola persona. En esta lección tocas una vez con un instrumento y luego con otro. De esa forma, puedes tocar casi todo lo que hay en la canción.

Improvisa, inventa cosas de acuerdo a lo que sabes. *Experimenta* con los ritmos y las melodías. Trata de tocar diferentes melodías en la misma canción. Por supuesto no olvides: ¡*Practicar, Practicar y Practicar!*

ACENTOS

33 35 NORTEÑA DE MIS AMORES

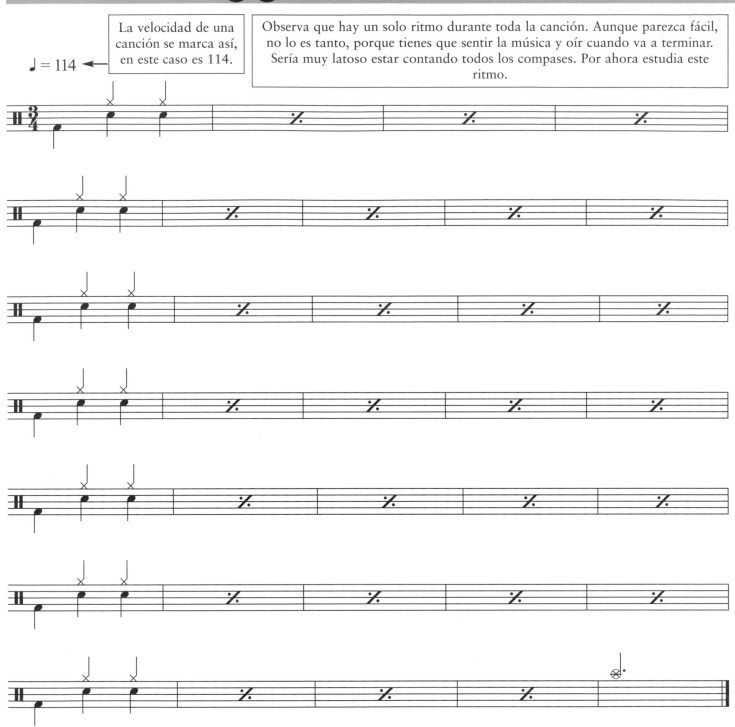

La velocidad de una canción se marca así, en este caso es 114.

Observa que hay un solo ritmo durante toda la canción. Aunque parezca fácil, no lo es tanto, porque tienes que sentir la música y oír cuando va a terminar. Sería muy latoso estar contando todos los compases. Por ahora estudia este ritmo.

En la siguiente página está la misma canción: *Norteña de mis amores* pero a una velocidad mayor. La velocidad es de 170. Vas a notar como aún siendo la misma canción, es más difícil coordinar las manos y los pies. Imagínate que la tuvieras que tocar más rápido todavía, por ejemplo a 200. ¿Qué te parece?

Eso significa que solamente practicando vas a poder tocar canciones rápidas, así que ten paciencia, practica y sigue estudiando música. Muchos quieren tocar rápido enseguida lo cual es difícil. Si practicas tus escalas diariamente, cada vez los dedos se sueltan más y más hasta que llega el momento que tocas rapidísimo. ¡Estoy seguro que llegarás a ese nivel!

Nota: En esta lección de velocidad tocas la canción lenta una vez y luego lenta con grupo. Después la vuelves a tocar otra vez pero más rápido, primero solo y luego con grupo.

34 36 NORTEÑA DE MIS AMORES (GRUPO)

16

Los dos temas musicales del CD muestran la misma música.
Una vez es a una velocidad de 114 y la otra a 170, pero es la misma música.

37 LA ESCALA DE FA

Así se forma la escala de FA mayor. Tomas como base la escala de DO mayor, y la divides en dos. Pones las primeras 4 notas en otro pentagrama más abajo. En el segundo pentagrama le agregas 4 notas para abajo para completar 8 notas, de FA a FA. El orden tiene que ser el mismo en las dos escalas, por eso tienes que agregar el ♭ (bemol) al SI, para que tenga el mismo orden. Entonces resulta una nota nueva: el SI♭ (SI bemol).

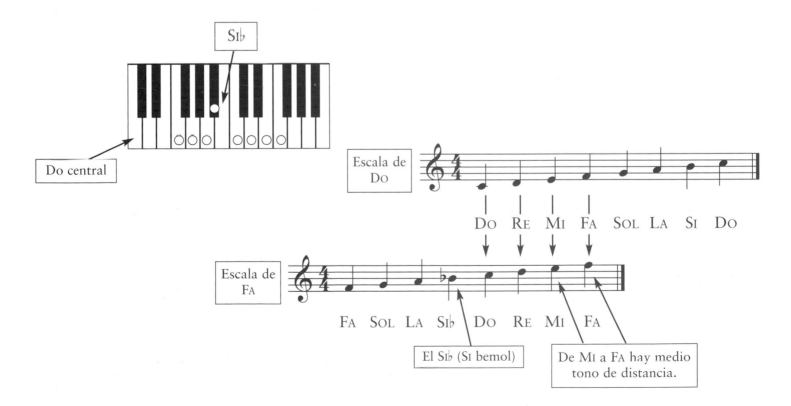

Nota: Recuerda que te aconsejamos que aprendas las escalas en el teclado, aunque seas baterísta.

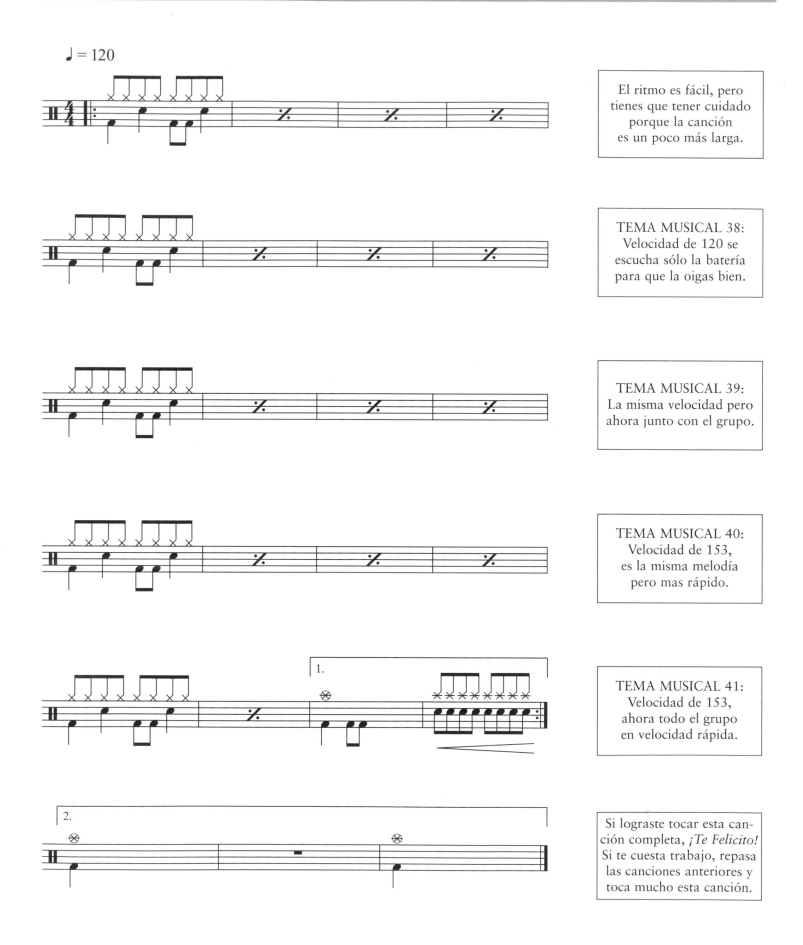

El ritmo es fácil, pero
tienes que tener cuidado
porque la canción
es un poco más larga.

TEMA MUSICAL 38:
Velocidad de 120 se
escucha sólo la batería
para que la oigas bien.

TEMA MUSICAL 39:
La misma velocidad pero
ahora junto con el grupo.

TEMA MUSICAL 40:
Velocidad de 153,
es la misma melodía
pero mas rápido.

TEMA MUSICAL 41:
Velocidad de 153,
ahora todo el grupo
en velocidad rápida.

Si lograste tocar esta canción completa, *¡Te Felicito!*
Si te cuesta trabajo, repasa
las canciones anteriores y
toca mucho esta canción.

EL DE LA PIEDRA (GRUPO)

♩ = 120

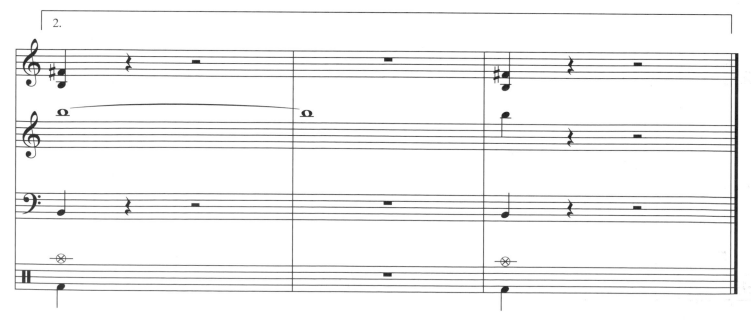

42 LA ESCALA DE SI♭

Así se forma la escala de SI♭ mayor. Tomas como base la escala de FA mayor y la divides en dos. Pones las primeras 4 notas en otro pentagrama más abajo. En el segundo pentagrama le agregas 4 notas para abajo, lo que hacen 8 notas; de SI♭ a SI♭. El orden tiene que ser el mismo en las dos escalas, por eso tienes que agregar el ♭ (bemol) al MI, para que tenga el mismo orden. Entonces resulta una nota nueva: el MI♭ (MI bemol).

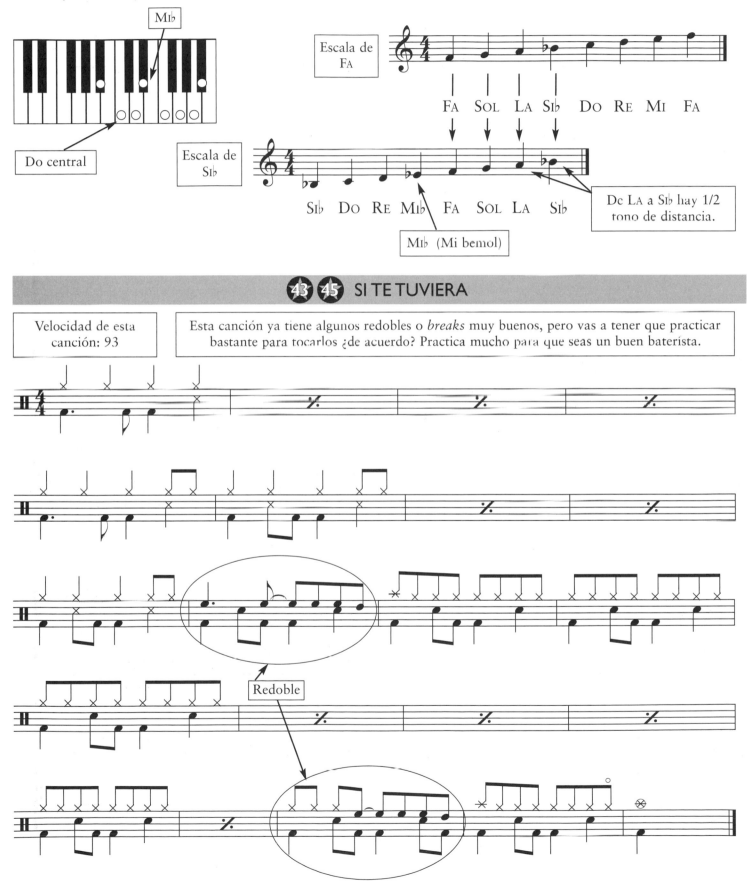

43 45 SI TE TUVIERA

| Velocidad de esta canción: 93 | Esta canción ya tiene algunos redobles o *breaks* muy buenos, pero vas a tener que practicar bastante para tocarlos ¿de acuerdo? Practica mucho para que seas un buen baterista. |

44 46 SI TE TUVIERA (GRUPO)

53

Fíjate que en esta partitura ya hay mas pentagramas porque hay mas instrumentos y el piano ocupa 2 pentagramas (mano derecha y mano izquierda). Lee con atención y practica leyendo muchas veces.

¡Felicidades a todos los que han llegado hasta este nivel!

47 49 VOLVERÉ CON LA BANDA

Como hablamos de la velocidad en las canciones, vas a tocar esta canción de banda. Primero a 170 de velocidad, para que sientas el ritmo y la puedas tocar bien. Después, en el tema musical Nº 48 del CD, la tocas a 170 igual, pero con toda la banda. Más adelante en el tema musical Nº 49, la vuelves a tocar, pero esta vez a 222. Puedes comprobar que incluso siendo la misma canción, cuesta más trabajo tocarla porque va más rápido. Recuerda que debes tener paciencia y practicar una y otra vez para poder tocar muchas canciones.

Importante: Al tocar una canción así de larga, mantén la misma velocidad. Es muy importante mantener el ritmo y la velocidad y tocar los remates de platillos en el momento exacto.

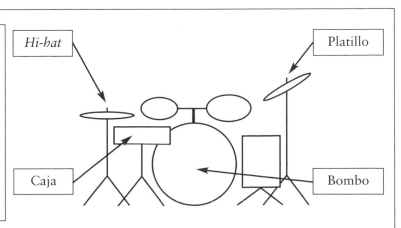

Éstos son los componentes de la batería que usas en esta canción. Una vez que la toques la canción como se muestra, puedes ser creativo y cambiar un poco. Por ejemplo puedes tocar el *hi-hat* abierto en vez de cerrado. También puedes usar el platillo pequeño en vez del grande o cambiar la caja por un *tom*. Si haces esto, notarás que se escucha diferente. ¡Quién sabe a lo mejor descubres un nuevo ritmo! Lo importante es que practiques y te diviertas al hacerlo. Recuerda que si te gusta lo que haces aprenderás con más facilidad.

Hi-hat

Platillo

Caja

Bombo

48 50 VOLVERÉ CON LA BANDA (GRUPO)

En esta parte está todo el arreglo de la canción, para que veas como se hace un arreglo de banda. Cada línea es un instrumento diferente. Como el teclado puede hacer varios sonidos, vamos a utilizarlo para que toque el sonido de trompeta y de trombón. Puedes tocar la canción una vez con sonido de trompeta y otra con el sonido de trombón. También si cambias rápido los números, puedes hacer los dos. Algo incluso mejor, tócalo junto con otro amigo en 2 teclados. Recuerda una vez lento a 170 y la otra rápido a 222.

Trata de seguir la música con los ojos, al mismo tiempo que oyes, las notas. Te
garantizo que ese tipo de lectura te va a dar mucho conocimiento sobre la música.
Intenta hacerlo varias veces y notarás la diferencia.

Practicar es la única forma de aprender música.

🌟51 LA ESCALA DE MI

Así se forma la escala de Mᴉ mayor. Tomas como base la escala de Lᴀ mayor, y la divides en dos. Pones las ultimas 4 notas en otro pentagrama más arriba. En el segundo pentagrama le agregas 4 notas para tener 8 notas, de Mᴉ a Mᴉ. El orden tiene que ser el mismo en las dos escalas, por eso tienes que agregar el ♯ (sostenido) al Rᴇ, para que tenga el mismo orden. Entonces resulta una nota nueva: el Rᴇ♯ (Rᴇ sostenido).

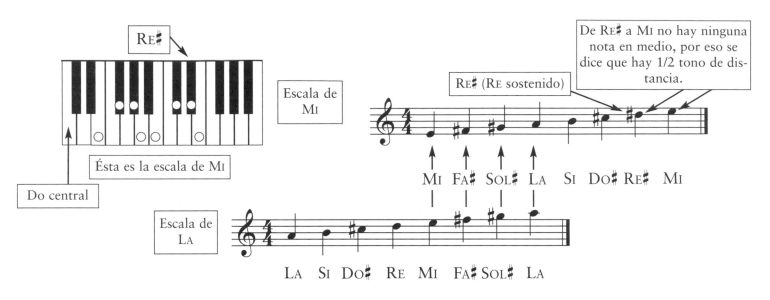

🌟52 🌟54 UN BOLERITO PARA TI

El mariachi no usa batería, pero como este libro es para tocar batería, vamos a usarla como percusión. En algunos boleritos rancheros se usan la percusión. El bombo lleva el ritmo sencillo y el *hi-hat* lleva el ritmo de la guitarra, que es un ritmo clásico de bolero. El platillo se usa para dar los acentos.

Ya suena bien ¿verdad?

53 55 UN BOLERITO PARA TI (GRUPO)

Ya se ven más familiares estas partituras ¿verdad? Se hace más fácil conforme las vas viendo y oyendo más y más. ¡Muchas felicidades por llegar hasta aquí! Recuerda que esta lección es de velocidad. Tócala primero lentamente, para que sientas el ritmo y puedas mover los manos y los pies bien. Después tócala rápidamente. Haz lo mismo con la canción que le sigue.

¡No te olvides de practicar todas las escalas del libro todos los días!

63

56 LA ESCALA DE MI♭

Así se forma la escala de Mi♭ mayor. Tomas como base la escala de Mi♭ mayor, y la divides en dos. Pones las ultimas 4 notas en otro pentagrama más abajo. En el segundo pentagrama le agregas 4 notas para tener 8 notas, de Mi♭ a Mi♭. El orden tiene que ser el mismo en las dos escalas, por eso tienes que agregar el ♭ (bemol) al LA, para que tenga el mismo orden. Entonces resulta una nota nueva: el LA♭ (LA bemol).

57 59 ENAMORADO DE TI

En esta canción ya puedes lucirte como baterísta. Los redobles hacen que quede bonita la canción. Puedes utilizar este tipo de redobles o *breaks* en muchas canciones. Recuerda que aunque sea un redoble, tienes que tocarlo a tiempo y en el tiempo justo. ¡Enhorabuena por haber llegado hasta aquí! Si conseguiste terminar este libro, estoy seguro que vas a ser un gran baterísta y un músico estupendo. *¡Felicidades!*

¡Cuidado con este redoble!
Practícalo hasta que te salga bien.

58 60 ENAMORADO DE TI (GRUPO)

⑥ LA ESCALA DE LAb

Así se forma la escala de LAb mayor. Tomas como base la escala de MIb mayor, y la divides en dos. Pones las primeras 4 notas en otro pentagrama más abajo. En el segundo pentagrama le agregas 4 notas para tener 8 notas, de LAb a LAb. El orden tiene que ser el mismo en las dos escalas, por eso tienes que agregar el b (bemol) al RE, para que tenga el mismo orden. Entonces resulta una nota nueva: el REb (RE bemol).

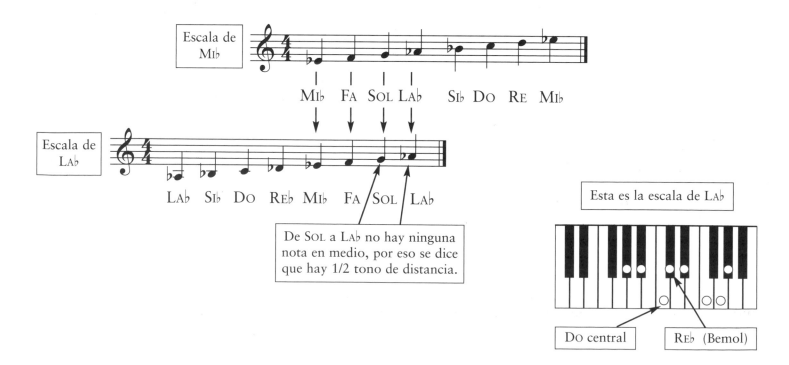

62 LA ESCALA DE RE♭

Así se forma la escala de RE♭ mayor. Tomas como base la escala de LA♭ mayor, y la divides en dos. Pones las primeras 4 notas en otro pentagrama más abajo. En el segundo pentagrama le agregas 4 notas para tener 8 notas, de RE♭ a RE♭. El orden tiene que ser el mismo en las dos escalas, por eso tienes que agregar el ♭ (bemol) al SOL, para que tenga el mismo orden. Entonces resulta una nota nueva: el SOL♭ (SOL bemol).

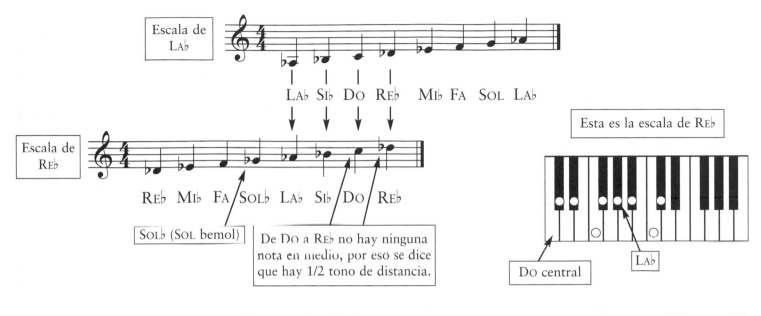

63 LA ESCALA DE SI

Así se forma la escala de SI mayor. Tomas como base la escala de MI mayor, y la divides en dos. Pones las primeras 4 notas en otro pentagrama más arriba. En el segundo pentagrama le agregas 4 notas para tener 8 notas, de SI a SI. El orden tiene que ser el mismo en las dos escalas, por eso tienes que agregar el ♯ (sostenido) al LA, para que tenga el mismo orden. Entonces resulta una nota nueva: el LA♯ (LA sostenido).

Con estas escalas tienes un conocimiento básico de la música. Apréndelas y verás cómo te van a ayudar. La siguiente página presenta varios ritmos. ¡Prepárate y estudia! Recuerda que hay miles y miles de ritmos y sólo vamos a ver unos cuantos aquí. ¿De acuerdo?

ALGUNOS RITMOS

64 No. 1

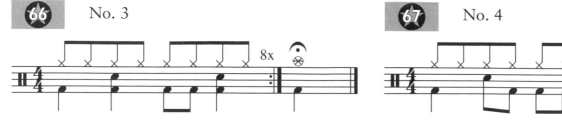

65 No. 2

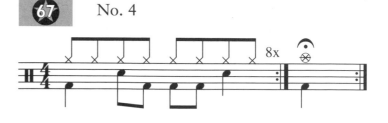

66 No. 3

67 No. 4

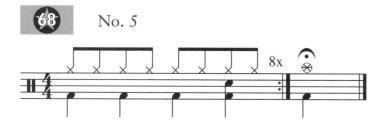

68 No. 5

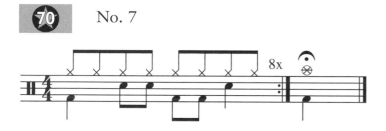

69 No. 6

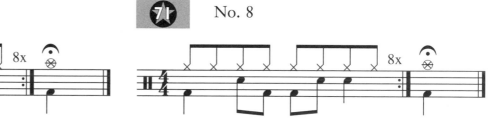

70 No. 7

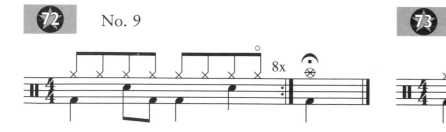

71 No. 8

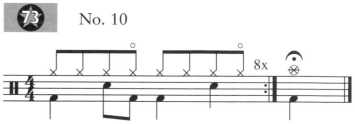

72 No. 9

73 No. 10

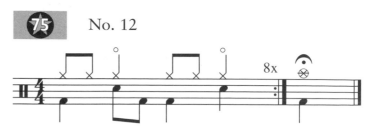

74 No. 11

75 No. 12

76 No. 13   **77** No. 14

78 No. 15   **79** No. 16

80 No. 17   **81** No. 18

82 No. 19   **83** No. 20

Recuerda que la música es infinita. Sería imposible poner todos los ritmos posibles en el este libro de primer nivel. Aquí tienes algunos y recuerda que hay muchos más. En especial ritmos de corchea y semicorchea que conocerás más adelante. De momento practica cada uno de estos ritmos y recuerda tocarlos de forma pareja, sin adelantar ni atrasar el tiempo.

Éstas son las semicorcheas, son 4 notas en un tiempo. Éste es un ritmo muy común y se usa mucho. Por ahora fíjate cómo son y si quiere saber un poco más de batería y ritmos, te invito a que sigas estudiando. Enhorabuena nuevamente por haber llegado hasta aquí. Debes estar orgulloso de tu logro. Si realmente te gusta la música, dedícale tiempo y estudia. La música cuesta un poco de trabajo, pero no te desanimes, te lo digo por experiencia propia. Felicidades una vez más!

84 LOS 16AVOS

Éstas son 4 semicorcheas

Y AHORA, ¿QUÉ HAGO...?

Bueno, todavía hay mucho que aprender. Lo primero sería volver a repasar este libro completamente. Te darás cuenta de que quizá algunas cosas ya se te habían olvidado.

Sigas estudiando. No creas que la música termina tan rápido. Apenas le estas agarrando el gusto. ¡Hay tanto que aprender!

Los ritmos que ponemos aquí, son algunos de los que existen. Tambien hay más ritmos, sobre todo las corcheas y semicorcheas.

Los acordes y las escalas que presentamos aquí, son sólo algunos de los que existen.

Usa tu creatividad, piérdele el miedo al instrumento y tócalo lo más posible. Experimenta con las notas, acordes y canciones; en una palabra, haz que sea divertido.

Este libro se escribió debido a la necesidad de tener un libro sobre música en español en Estados Unidos. Hay muchos libros sobre música en inglés y muy buenos; pero en español apenas hay, y menos aún con CD. Esta serie de *Música Fácil* © trata de ofrecer libros para enseñar música en tu idioma. Lo importante es que aprendas música.

Felicidades por haber terminado este libro y espero que continúes con la música.

Easy Music School te enseña a tocar *batería* de una forma *fácil*.

LISTA INDIVIDUAL DE TEMAS MUSICALES

1. Mis Primeros Pininos (Solo)
2. Mis Primeros Pininos (Grupo)
3. Rancherita (Solo)
4. Rancherita (Grupo)
5. Simplemente Tu (Solo)
6. Simplemente Tu (Grupo)
7. La Escala de DO
8. Ranchera (Solo)
9. Ranchera (Grupo)
10. Tu Dulce Amor (Solo)
11. Tu Dulce Amor (Grupo)
12. La Escala de SOL
13. Amanecer (Solo)
14. Amanecer (Grupo)
15. Solamente Dos Veces (Solo)
16. Solamente Dos Veces (Grupo)
17. El Cha Cha (Solo)
18. El Cha Cha (Grupo)
19. Todo Por Ti (Solo)
20. Todo Por Ti (Grupo)
21. No Comprendo (Solo)
22. No Comprendo (Grupo)
23. La Escala de RE
24. Bach Norteño (Solo)
25. Bach Norteño (Grupo)
26. Un Velero En Chapala (Solo)
27. Un Velero En Chapala (Grupo)
28. La Escala de LA
29. Volvere Otra Vez (Solo)
30. Volvere Otra Vez (Grupo)
31. El *Rock* De La Escuela (Solo)
32. El *Rock* De La Escuela (Grupo)
33. Norteña De Mis Amores ♩=114 (Solo)
34. Norteña De Mis Amores ♩=114 (Grupo)
35. Norteña De Mis Amores ♩=170 (Solo)
36. Norteña De Mis Amores ♩=170 (Grupo)
37. La Escala de FA
38. El *Rock* De La Piedra ♩=120 (Solo)
39. El *Rock* De La Piedra ♩=120 (Grupo)
40. El *Rock* De La Piedra ♩=153 (Solo)
41. El *Rock* De La Piedra ♩=153 (Grupo)
42. La Escala de SI♭
43. Si Te Tuviera ♩=93 (Solo)
44. Si Te Tuviera ♩=93 (Grupo)
45. Si Te Tuviera ♩=129 (Solo)
46. Si Te Tuviera ♩=129 (Grupo)
47. Volvere Con La Banda ♩=170 (Solo)
48. Volvere Con La Banda ♩=170 (Grupo)
49. Volvere Con La Banda ♩=222 (Solo)
50. Volvere Con La Banda ♩=222 (Grupo)
51. La Escala de MI
52. Un Bolerito Para Ti ♩=85 (Solo)
53. Un Bolerito Para Ti ♩=85 (Grupo)
54. Un Bolerito Para Ti ♩=117 (Solo)
55. Un Bolerito Para Ti ♩=117 (Grupo)
56. La Escala de MI♭
57. Enamorado De Ti ♩=89 (Solo)
58. Enamorado De Ti ♩=89 (Grupo)
59. Enamorado De Ti ♩=114 (Solo)
60. Enamorado De Ti ♩=114 (Grupo)
61. La Escala de LA♭
62. La Escala de RE♭
63. La Escala de SI
64. Algunos Ritmos No. 1
65. Algunos Ritmos No. 2
66. Algunos Ritmos No. 3
67. Algunos Ritmos No. 4
68. Algunos Ritmos No. 5
69. Algunos Ritmos No. 6
70. Algunos Ritmos No. 7
71. Algunos Ritmos No. 8
72. Algunos Ritmos No. 9
73. Algunos Ritmos No. 10
74. Algunos Ritmos No. 11
75. Algunos Ritmos No. 12
76. Algunos Ritmos No. 13
77. Algunos Ritmos No. 14
78. Algunos Ritmos No. 15
79. Algunos Ritmos No. 16
80. Algunos Ritmos No. 17
81. Algunos Ritmos No. 18
82. Algunos Ritmos No. 19
83. Algunos Ritmos No. 20
84. Los 16avos

PRIMER NIVEL: APRENDE TECLADO FÁCILMENTE
POR VÍCTOR M. BARBA

Gracias a MI familia por ayudarme y apoyarme en la realización de este libro. Gracias también a Betty, mi esposa y a mis dos hijos, Carlos y Cindy.

NOTA BIOGRÁFICA DEL AUTOR

Víctor M. Barba estudió música en el Conservatorio Nacional de Música de México D.F. Cuenta en su poder con varios premios entre los que se encuentran dos premios Nacionales de Composición. Es así mismo autor de un concierto para piano y unas variaciones sinfónicas. Su música ha sido interpretada por la Orquesta Sinfónica del Estado de México, bajo la dirección del Maestro Eduardo Díazmuñoz G. Desde muy joven impartió clases de música en diferentes escuelas y a nivel privado, pero no fue hasta 1996 que fundara la escuela Easy Music School. Su sistema de aprendizaje *Música Fácil* © ha ayudado a miles de personas aprender música de una manera práctica y profesional. Como productor de discos y arreglista trabajó junto a Cornelio Reyna y recientemente compuso la banda sonora de la película *Sueños amargos* protagonizada por Rozenda Bernal y Alejandro Alcondez. Víctor M. Barba se destaca también como autor y ha publicado varios métodos para tocar instrumentos musicales tan variados como: teclado, acordeón, batería, solfeo e incluso canto. En la actualidad se concentra en la escritura de libros para trompeta, violín y armonía. Es miembro de BMI y sus canciones han sido interpretadas por artistas de renombre internacional.